Wie Sie innere Blockaden lösen

Wie Sie innere Unruhe besiegen, negative Gedanken loswerden, Ängste stoppen und positives Denken lernen

MATILDA PIEL

ISBN: 9781791704391

2018 Goodie Publishing

1. Auflage

Hinweis:
Diese Informationen wurden nach bestem Wissen und Gewissen weitergegeben. Sie sind ausschließlich für Interessierte gedacht und keinesfalls als Diagnose- oder Therapieanweisungen zu verstehen. Bei Verdacht auf Erkrankungen konsultieren Sie bitte Ihren Arzt. Es wird keine Haftung für die Richtigkeit oder Vollständigkeit der dargelegten Sachverhalte, Informationen oder Formulierungen übernommen. Irrtum vorbehalten.

Inhaltsverzeichnis

1 Einführung

Zum Ende eines jeden Jahres stellen wir uns selbst immer wieder die Frage, wie die Monate nur so schnell an uns vorbeiziehen konnten. Man hat das Gefühl, dass die Zeit immer schneller vergeht, je älter man wird und dass die eigenen Tage kaum noch genug Stunden haben, um alle Aufgaben und Termine unterzubringen. Zu einem großen Teil ist dieses rasante Zeitempfinden durch die Dinge begründet, die gerade auf unserer schönen Welt passieren. Im Zeitalter von Digitalisierung und Vernetzung spielt das Credo "immer schneller, immer höher, immer weiter" eine immer wichtigere Rolle denn je. Nicht umsonst sprechen Experten davon, dass unsere Welt sich noch nie so schnell gedreht hat wie aktuell und auch nie wieder so langsam sein wird, wie im Moment. Dieses Phänomen ruft bei vielen Menschen Unsicherheiten hervor. Man weiß nicht mehr so richtig, worauf man sich einstellen soll, ob die eigenen Fähigkeiten ausreichen, um in der Welt von morgen zu bestehen. Unbewusst bauen dadurch viele Menschen innere Blockaden auf, die sich nicht so leicht von alleine wieder lösen lassen. Fragen wie "Bin ich noch gut genug?" oder "Wie kann ich nur mit dieser wahnsinnigen Geschwindigkeit mitgehen?" stehen völlig losgelöst im Raum und können nur selten von den Betroffenen gelöst werden. Oft merkt man nicht einmal, dass man innere Blockaden aufbaut und sich damit selbst den Weg in eine bessere Zukunft versperrt. In diesem Buch wollen wir Ihnen nicht nur aufzeigen, wie Sie Ihre inneren Blockaden erkennen, sondern Ihnen auch Wege aufzeigen, wie Sie selbst einen Weg finden, um Ihre inneren Blockaden zu lösen und mit dem Gefühl der Unsicherheit umzugehen. Des Weiteren wollen wir Ihnen in einem Abstrakt dieses Buches näherbringen, wie Sie Ihre ureigensten Ängste erkennen und überwinden und wie Sie negative Gedanken geschickt in positive Bahnen lenken können.

2 Was sind innere Blockaden?

Im Prinzip können wir alles als innere Blockade benennen, was uns in irgendeiner Form und Weise davon abhält, unsere Ziele zu verfolgen und unsere Träume wahr werden zu lassen. So können für einige Menschen zum Beispiel die Angst vor Spinnen oder Flugangst eine Blockade darstellen, die sie einfach nicht gelöst bekommen.

Eine Blockade entsteht immer dann, wenn unser Unterbewusstsein mit unserem Verstand konkurriert und jedes logische Argument gekonnt außer Kraft setzt. Dieser Mechanismus unseres Denkens kann bewusst gar nicht gesteuert werden und läuft im Hintergrund unseres Bewusstseins vollautomatisch ab. Der Kern der Sache liegt darin begründet, dass wir Emotionen immer viel stärker wahrnehmen als jedes logische Argument und somit der klare, sachliche Verstand immer von starken Gefühlen ausgehebelt wird. Innere Blockaden hemmen den Energiefluss - man fühlt sich oft müde und abgeschlagen und zu nichts mehr in der Lage. Spätestens dann sollten Sie dringend reagieren. Blockaden können auch entstehen, wenn wir uns vor einem Thema scheuen und uns bewusst nicht damit auseinandersetzen. Ein zunächst harmloses Beispiel: eine junge Frau hat Angst davor, fremde Personen anzusprechen und beispielsweise nach dem Weg zu fragen. Sie hat das in ihrer Jugend so gelernt, dass sie nicht mit Fremden reden soll. Unbewusst kann sich dadurch eine starke Psychose entwickeln - die junge Frau kann ihr Selbstbewusstsein nicht stärken und wird sich nie gegen andere Menschen behaupten können, da sie den Schritt auf Fremde nicht zugeht und nicht lernt, ihre Schüchternheit zu überwinden. Unbewusst setzen wir mit diesen Verhaltensweisen in unserem Gehirn einen Prozess in Gang, der das logische Denken aushebelt und uns suggeriert, dass wir etwas Bestimmtes einfach nicht können. Im Prinzip betreiben wir dadurch massive Eigen-Sabotage. Das Beispiel von eben zeigt erste Anzeichen dafür auf, wie innere Blockaden typischerweise entstehen. In den meisten Fällen liegen unsere Blockaden in unserer Vergangenheit, respektive in der Kindheit, begraben. Wir werden unbewusst geprägt von Sätzen wie "Sprich niemals mit Fremden, daraus entsteht nie etwas Gutes!" oder "Geld allein macht niemals glücklich und als Frau kann man sowieso keine Karriere haben!". Ohne es zu wollen werden die Personen, die uns nahe stehen und uns lehren somit zu Beeinflussern unserer Zukunft. Als Kind oder Jugendlicher kann man noch nicht so gut selektieren, was für einen selbst jetzt der richtige Weg ist. Unser Unterbewusstsein nimmt einfach Dinge als gegeben an, die wir immer und immer wieder hören. Ja sie brennen sich regelrecht in unser Denken und Handeln ein. Dieser Mechanismus läuft vollautomatisch im Hintergrund ab, ohne dass wir uns bewusst dagegen entscheiden könnten. Je älter wir werden, desto stärker prägen sich diese unterbewussten Gedanken aus und bestimmen unser Handeln. Eine junge Frau, die in ihrer Kindheit gesagt bekommen hat, dass Karriere nichts für Frauen ist, wird sich immer fragen, ob sie wirklich den richtigen Weg einschlägt und ob sie gut genug für den Job ist. Der Mensch kann gar nicht anders, da er von seinem Unterbewusstsein immer wieder vorgegaukelt bekommt, auf dem falschen Weg zu sein.

Wenn wir nun also nicht bewusst etwas gegen unsere inneren Hemmschwellen und Blockaden tun, wird uns unser Unterbewusstsein immer weiter sabotieren und daran hindern, unsere Träume und Ziele zu erreichen. Ein weiterer guter Freund innerer Blockaden ist die Verdrängung. Wann immer der Mensch ein besonders negatives Erlebnis hat oder starke Emotionen ihn zu überwältigen drohen, macht er dicht. Dies passiert aus Eigenschutz und sorgt dafür, dass wir nicht an unseren eigenen Emotionen zugrunde gehen. Gleichzeit erschaffen wir dadurch jedoch unbewusst neue Blockaden, indem wir negative Erfahrungen nicht vernünftig aufarbeiten, sondern sie einfach in einer Ecke unseres Kopfes zur Seite schieben. Dadurch wird das Ereignis immer in unserem

Unterbewusstsein vor sich hin schwelen und uns daran hindern, uns voll und ganz auf den Weg nach vorne zu konzentrieren.

3 Wie erkennen Sie Ihre Blockaden?

Das Erkennen innerer Blockaden kann grob gesagt in drei verschiedene Kategorien aufgeteilt werden:

- körperliche Symptome
- negative Gedankengänge
- energetisches Empfinden

Was unter den einzelnen Punkten zu verstehen ist, das soll Ihnen im Nachhinein kurz erläutert werden.

3.1 Körperliche Symptome

Am schnellsten und einfachsten lassen sich innere Blockaden an unseren körperlichen Reaktionen erkennen und feststellen. Sobald sich im Körper etwas verändert, man immer öfter Kopfschmerzen, Bauchschmerzen oder Müdigkeit verspürt, desto wahrscheinlicher ist es, dass man unter inneren Blockaden leidet. Auch vermehrte Übelkeit und

Rückenschmerzen können ein deutlicher Indikator dafür sein, dass Sie unter inneren Blockaden leiden.

3.2 Negative Gedankengänge

Am einfachsten zu verstehen und am schwierigsten abzustellen ist sicher die Aussage, dass innere Blockaden durch negatives Visualisieren entstehen. Man selbst hegt und pflegt seine negativen Gedanken, redet sich immer wieder ein, dass man bestimmte Dinge nicht kann oder einfach nicht gut genug, nicht schlank genug, nicht lustig genug ist. Wir reden uns selbst immer wieder ein, dass wir bestimmte Dinge einfach nicht können und niemals können werden. Gute Beispiele dafür sind permanente Prüfungs- oder Versagensangst, obwohl man noch so gut vorbereitet ist, völlig irrationale Eifersucht, Verlustängste, Einschränkung der Leistungsfähigkeit sowie übermäßig starke Gefühlsreaktionen wie Wut, Ärger oder die mangelnde Bereitschaft zu verzeihen. Wenn wir mit unseren Ängsten und Sorgen konfrontiert werden, dann reden wir uns häufig unbewusst sehr stark ein, dass wir es sowieso nicht schaffen - warum also erst versuchen? Der innere Schweinehund spielt hierbei eine sehr übergeordnete Rolle. Ihn zu überwinden kann uns in vielen Bereichen unseres Lebens extrem viel Kraft kosten. Viele Menschen stellen sich dann die Frage, ob es das überhaupt wert ist, oder ob man nicht bewusst lieber in seiner eigenen, sicheren Komfortzone bleiben sollte. Um es an dieser Stelle vorweg zu nehmen: es lohnt sich immer, den eigenen Schweinehund und die eigenen Ängste zu bezwingen, denn nur so können wir ein nachhaltig glückliches Leben führen, das uns unseren Träumen und Zielen näher bringt.

Um seine inneren Blockaden zu erkennen und zu analysieren, sollte man sich immer auch das eigene Verhalten vor Augen führen. Fallen Ihnen bestimmte Situationen ein, in denen Sie immer wieder gleich reagiert und ein typisches Verhaltensmuster an den Tag gelegt haben? Ihre Freundin/Freund sagt eine Verabredung ab - Sie reagieren mit Frust und Verlustangst, reden sich aber ein, dass Sie sich in Zukunft nicht mehr mit diesem Menschen befassen müssen und blockieren alle weiteren Verabredungsversuche. Sie wurden in Ihrer Kindheit oft allein gelassen oder haben nicht die Liebe Ihrer Eltern bekommen, die Sie verdienen - in der Folge reagieren Sie im weiteren Verlauf Ihres Lebens sehr anhänglich, wenn Sie das Gefühl haben, jemand könnte Sie enttäuschen.

Oder Sie legen das gleiche Verhalten an den Tag, blockieren sämtliche Annäherungsversuche, um bloß nie wieder enttäuscht zu werden. All diese Anzeichen sind sehr natürliche Reaktionen des Menschen und können nicht bewusst kontrolliert oder gesteuert werden. Ein erster Schritt ist es jedoch, sich diese Verhaltensweisen und negativen Gedanken vor Augen zu führen und bewusst zu lernen, wie man damit umgehen kann.

3.3 Energetisches Empfinden

Sie fühlen sich oft müde, abgeschlagen, unmotiviert und auf nichts vorbereitet? Wenn morgens der

Wecker klingelt, fällt Ihnen das Aufstehen schwer und Sie würden sich am liebsten die Decke über den Kopf ziehen und nichts mehr sehen von der Welt? Sie fühlen sich oft überfordert - ob in Beziehungen oder in der Arbeitswelt? All das sind untrügliche Anzeichen dafür, dass Sie unter inneren Blockaden leiden, die Sie davon abhalten, Ihren eigenen Weg zu gehen und Ihre Energie auf die wichtigen und schönen Dinge im Leben zu konzentrieren.

Stress macht uns krank - eine Phrase, die Sie überall nachlesen können oder die Ihr Arzt bestätigen wird. Wenn man nun aber ehrlich zu sich selbst ist wird man erkennen, dass man sich den meisten (zumeist seelischen Stress) oft selbst macht. Dies ist eine ganz natürliche Reaktion des Menschen und meistens die einzige Antwort, die unser Körper und unser Unterbewusstsein auf belastende Situationen haben. Der Stress wird dadurch hervorgerufen, dass wir uns nicht zu 100% auf eine Situation einlassen können, bzw. nicht wissen, wie wir mit einer Situation umgehen sollen. Dadurch geraten wir wieder in die endlose Dauerschleife zwischen "ich kann nicht" und "ich muss aber". Um diesen Stress irgendwie bewältigen zu können, läuft der Körper auf Auto-Betrieb. Die Folge sind Überlastung, Müdigkeit, Abgeschlagenheit. Wenn auch Sie sich oft überfordert und völlig antriebslos fühlen, dann ist das ein sehr ernst zu nehmender Indikator dafür, dass Sie innere Blockaden haben, die Sie auf Ihrem aktuellen Lebensweg hemmen.

4 Seien Sie selbst Ihr Problemlöser

Wie bereits erwähnt, sind wir oft selbst dafür verantwortlich, dass wir uns gewisse Fähigkeiten absprechen und uns schlecht auf bestimmte Situationen einstellen können. Der erste Schritt, um der Eigen-Sabotage-Falle zu entkommen und sich wieder voll und ganz auf seine Träume und Ziele konzentrieren zu können ist daher eine solide Eigenreflexion. Setzen Sie sich bewusst mit für Sie stressigen oder negativen Erfahrungen auseinander und lernen Sie, in welchen Momenten Sie sich wie selbst blockieren. Dieser Schritt ist immer auch der härteste, denn es heißt, sich das eigene Fehlverhalten und Sabotieren vor Augen zu führen und zu erkennen, dass man selbst der Treiber sein kann und muss, der die eigenen Umstände beeinflussen kann. Als erstes bedarf es also einer bewussten Entscheidung - der Entscheidung, ab sofort wirklich etwas unternehmen zu wollen und sich ganz intensiv mit den eigenen Gefühlen und Gedanken auseinander zu setzen. So können Sie beispielsweise nicht einfach nur sagen, dass Sie ein besseres Leben haben möchten - Sie müssen auch etwas dafür tun. Denn ohne Ihr Zutun wird sich so schnell nichts verändern. Das eigene Glück ist einfach keine Angelegenheit, die ein anderer Mensch für Sie lösen kann. Dafür sind Sie selbst verantwortlich.

Es gibt in Expertenkreisen jetzt verschiedene Möglichkeiten, an die Problemstellung heranzugehen. Zum Beispiel könnten Sie ganz bewusst in sich gehen und nach den Ursachen, dem wahren Ursprung Ihrer Blockaden suchen. Wenn Sie feststellen, dass diese bereits in Ihrer Kindheit begründet wurden, dann gehen Sie den Schritt und setzen Sie sich mit der Person (oder den Personen) auseinander, die Ihre Blockade damals mit begründet haben. Gehen Sie aber niemals unvorbereitet in ein solches Gespräch. Schreiben Sie sich immer die Ziele auf, die Sie durch das Gespräch erreichen wollen und zeigen Sie im Bestfall selbst eine Lösung auf. Fragen Sie immer sachlich nach dem "Warum" und erklären Sie, was die Situation in Ihnen ausgelöst hat.

Sie trauen sich nicht direkt an die richtig großen Brocken heran? Das macht nichts, Sie können auch im Kleinen anfangen. Vielleicht fällt Ihnen auch eine akute Situation ein, die Sie besonders gestört oder bewegt hat und bei der Sie ganz genau benennen können, wo der Störfaktor her kommt. Sollte es sich um eine zweite Person handeln, die Ihre Stressreaktion ausgelöst hat - reden Sie mit ihr. Stellen Sie sich im Vorfeld die Frage, was aus Ihrer Sicht schief gelaufen ist und was Sie persönlich sich wünschen würden, um die Situation für alle Parteien zufriedenstellend zu lösen. Sie werden überrascht sein, zu welch positiven Ergebnissen Sie dieser Ansatz führen kann.

Versuchen Sie immer, sich bei Ihrer Blockaden-Betrachtung selbst nüchtern zu begegnen. Stellen Sie sich nie von vorneherein selbst in Frage und suchen nur negative Aspekte an sich selbst. Der

Satz mag vielleicht etwas abgedroschen sein, aber nach wie vor gilt: "Wer sich selbst liebt und mit sich selbst im Reinen ist, der wird auch von anderen respektiert." Zählen Sie also all die Dinge auf, die Sie an sich mögen. Das können sowohl körperliche Attribute als auch ganz besondere Charaktereigenschaften sein, die Sie ganz besonders hervortun. Rufen Sie sich diese positiven Aspekte immer wieder vor Augen und halten Sie daran fest. Sie sind ein einzigartiges Individuum, das in seinem Leben schon viel erreicht hat - ganz egal, was andere sagen. Setzten Sie sich bewusst einen Fokus für Ihre innere Recherche und dokumentieren Sie, welchen Schritt Sie als erstes in Angriff nehmen wollen. Nehmen Sie sich nie zu viel auf einmal vor und setzen sich realistische Ziele, die Sie auch zeitlich überblicken können.

Der Weg seine inneren Blockaden zu lösen ist hart und funktioniert nicht ohne kritisches Hinterfragen seiner eigenen Ängste, Sorgen und Probleme. Setzten Sie sich bewusst mit negativen Gefühlen auseinander und notieren Sie Situationen, in denen Sie selbst gedacht haben, dass Sie nicht können, dürfen oder sollen. Hinterfragen Sie sich kritisch, ob Ihnen diese Möglichkeiten wirklich verwehrt wurden, ob Sie sie sich selbst verwehrt haben. Betrachten Sie eine spezifische Frage und bohren Sie selbst so lange mit "warum" nach, bis die Antwort ganz klar vor Ihnen liegt.

4.1 Ein praktisches Beispiel

Ihr Partner eröffnet Ihnen, dass er das nächste Wochenende mit seinen Freunden verbringen möchte. Sie werfen ihm (völlig unbegründet) vor, dass er seine Freunde Ihnen vorzieht und unterstellen ihm, dass Sie ihm nicht wichtig sind.

Warum tun Sie das?

Weil Sie vermutlich enttäuscht sind, dass er lieber Zeit mit seinen Freunden verbringt, als mit Ihnen.

Warum sind Sie enttäuscht und wütend?

Weil Sie vermutlich das Gefühl haben, dass er Sie vernachlässigt.

Warum haben Sie das Gefühl, dass er Sie vernachlässigt?

Weil Sie vermutlich glauben, dass er Sie auf Dauer weniger interessant finden und Sie verlassen könnte.

Warum glauben Sie das?

Weil Sie es vermutlich schon das ein oder andere Mal erlebt haben.

Der größte Fehler in einer solchen Situation ist es, sich mit seinen Ängsten und Sorgen allein auseinander zu setzen, alles in sich hinein zu fressen und mögliche Probleme mit sich selbst auszumachen. Analysieren Sie Ihr Verhalten in

Ruhe und sprechen Sie dann mit Ihrem Partner darüber. Sagen Sie ihm sachlich, wie Sie sich fühlen und warum und holen Sie sich Feedback von ihm ein.

Oft liegen unsere Blockaden gar nicht darin begründet, was andere vielleicht tun oder denken könnten, sondern ganz allein in uns selbst. Wenn wir sie aber nicht aussprechen und nicht aktiv angehen, dann werden wir sie auch nicht lösen können.

4.2 Negative Glaubenssätze und Lebensregeln

Sie kennen alle Sätze wie "Ich kann das nicht", "Ich darf das nicht", "Ich bin schlechter als die anderen", "Wäre ich doch auch nur so dünn und attraktiv", "Das ist zu riskant". Diese Art von negativen Glaubenssätzen sind Gift für die Heilung unserer inneren Blockaden und stehen uns nur zusätzlich im Weg. Auch hier heißt der Schlüsel zum Erfolg Selbstreflexion. Malen Sie sich in einer Situation das Schlimmste aus, was möglicherweise passieren kann und Sie werden erkennen, dass selbst das Schlimmste nicht annähernd so schlimm ist, als dass Ihr Leben nicht weiter laufen könnte. Gestatten Sie sich, einfach mal Mensch zu sein und Dingen Ihren Lauf zu lassen - ohne alles vorherbestimmen zu können oder zu wollen.

Der wichtigste Schritt auf dem Weg zum Lösen innerer Blockaden ist das Loslassen. Öffnen Sie sich Ihren Ängsten und Sorgen und setzen Sie sich bewusst darüber hinweg. Sagen Sie sich ganz bestimmt "Heute wird ein guter Tag" und meinen Sie es auch so!

Die Veränderung, die Transformation Ihres Lebensweges kann nur aus Ihnen heraus kommen und muss auch von Ihnen geschaffen werden. Lernen Sie sich selbst zu respektieren - nur so schaffen Sie den Weg raus aus der Selbstzerstörungs-Falle.

4.3 Feedback als wichtiger Baustein

Haben Sie trotz dieser Tipps das Gefühl, dass Sie einfach nicht weiter kommen und Ihre Probleme nicht alleine gelöst bekommen? Das macht nichts. Sie können sich einfach Feedback von Menschen einholen, die Sie gut kennen und denen Sie vertrauen. Es kann nicht schaden, eine etwas neutralere Sicht auf die eigene Person zu bekommen, um sich bewusst zu machen, dass die eigenen jahrelang gehegten Ängste und Sorgen gar nicht so dramatisch sind, wie Sie vielleicht denken.

5 Wann Sie professionelle Hilfe benötigen

Wenn Sie sich bereits sehr intensiv mit Ihren Ängsten, Sorgen und Gedanken auseinandergesetzt haben und spüren, dass Sie wirklich einfach keine Verbesserung erzielen und sich einfach nicht in einem positiven Licht sehen können, dann wird es vermutlich wirklich Zeit für Sie, sich professionelle Hilfe zu suchen. Der Gang zu einem Psychologen oder Mentalcoach ist keine Schande - im Gegenteil! Sie schaden sich vermutlich selbst sehr viel mehr damit, wenn Sie zwar um Ihre Blockaden und Probleme wissen, diese aber einfach weiter beiseite schieben ohne sich damit zu befassen. Für viele Menschen ist es gar nicht so einfach, sich die eigenen Ängste wirklich rational vor Augen zu führen und diese dann auch so in positive Energie umzuwandeln, dass man den eigenen Lebensweg verbessern kann. Seien Sie sich also nicht zu schade und nutzen Sie die Chance auf professionelle Hilfe, wenn Sie selbst mit Ihrem Leben einfach keinen

Schritt weiter kommen. Sie werden sehen, es wird Ihnen ganz neue Türen öffnen, Sie bereichern und Ihnen in jedem Fall dabei helfen, Ihren Lebensweg zum Positiven zu wenden, wenn Sie es alleine nicht schaffen.

6 Die eigenen Ängste erkennen und überwinden

In dem folgenden Abstrakt des Buches möchten wir gerne näher auf das Thema Angst und Überwindung negativer Gedanken eingehen. Jeder Mensch hat vor irgendetwas Angst. Ob vorm Fliegen, vor der Dunkelheit, vor Prüfungssituationen spielt dabei überhaupt keine Rolle. Angst zu haben ist auch gar nichts Schlimmes - man darf sich nur nicht von ihr beherrschen lassen. Um diesen Zustand zu erreichen, sollte man sich sehr intensiv mit seinen Ängsten und potentiellen Angstzuständen auseinandersetzen.

7 Die Ursachen der Angst erkennen lernen

Der Ursprung der Angst liegt in den ureigensten Instinkten der Menschen begründet. Im frühen Zeitalter der Menschheitsgeschichte hatten unsere Vorfahren oft nur die Wahl zwischen Flucht oder Angriff. Um diese Effekte zu verstärken, hat unser Körper reagiert. Wir haben Adrenalin ausgeschüttet, das Herz hat schneller geschlagen, die Muskeln sind angeschwollen.

Der Stress der heutigen Zeit ist natürlich nicht mit den puren Überlebensinstinkten des damaligen Zeitalters zu vergleichen, gründet aber auf den gleichen Prinzipien. Wenn uns etwas in Stress versetzt und uns Angst macht, dann schießt das Blut durch unseren Körper - wir bekommen Herzrasen, Kopfschmerzen und verspüren eine Unruhe, die wir uns oft selbst nicht erklären können. Bis zu diesem Zeitpunkt ist ein natürlicher Angstzustand oder Angstempfinden bei uns Menschen ganz normal.

Nun gibt es allerdings auch übersteigerte Ängste, die sich bei den Betroffenen zumeist sehr stark ausprägen und ein völlig irrationales Verhalten hervorrufen. Ob wir zu übersteigerten Ängsten neigen, können wir gar nicht selbst bestimmen - ein unausgewogenes Gleichgewicht neurobiologischer und psychologischer Ausprägungen entscheidet darüber, wie stark sich die Angst bei jedem Einzelnen bemerkbar macht. Wir unterscheiden hier in neurobiologische, psychologische und genetisch bedingte Faktoren.

Psychologische Faktoren

An der Entwicklung psychotischer Angstzustände sind oft mehrere Faktoren beteiligt. Die meisten Psychosen liegen bereits tief in Erlebnissen unserer Kindheit verwurzelt, die uns in irgendeiner Art und Weise geprägt haben. Dies können sowohl negative sexuelle Erlebnisse, als auch schlechte Erfahrungen mit Vorbild-Funktionen sein. Solche Erlebnisse lösen nicht selten schwere Traumata aus, die einen ganz oft bis in das Erwachsenenalter, wenn nicht sogar bis zum Tode begleiten. Auch negative Lernerfahrungen können tiefe Psychosen auslösen. Umso wichtiger ist es, dass die Betroffenen sich intensiv mit ihren Ängsten auseinander setzen und diese nicht verdrängen. Wenn man sich bewusst dafür entscheidet, sich seinen Ängsten nicht zu stellen, dann nimmt man sich selbst die Möglichkeit, durch positive Erfahrungen zu lernen, dass die eigene Angst oft unbegründet ist.

Genetische Faktoren

Es ist inzwischen wissenschaftlich bewiesen, dass Angst vererbbar ist. Viele genetische Faktoren sorgen dafür, dass tief verwurzelte Ängste oft von Generation zu Generation weitergegeben werden.

Neurobiologische Faktoren

Bei Patienten mit starken Angst-Psychosen lässt sich oft feststellen, dass bestimmte Bereiche des Gehirns bei ihnen verändert sind. So lässt sich erkennen, dass besonders der Bereich betroffen ist, der für die Steuerung menschlicher Emotionen zuständig ist. Das liegt vermutlich darin begründet, dass bei diesen Patienten die Harmonie der Botenstoffe im Gehirn im Ungleichgewicht ist. So wird zum Beispiel bei Psychose-Patienten zu viel Adrenalin ausgeschüttet, was den Stresspegel im Gehirn erhöht.

7.1 Verschiedene Formen der Angst

In wie viele unterschiedliche Arten sich das Phänomen "Angst" unterteilen lässt, darüber scheiden sich bis heute die Geister. Fakt ist jedoch, dass man verschiedene Cluster bilden kann, an denen man die Angst erklärt.

Posttraumatische Belastungsstörung

Die posttraumatische Belastungsstörung tritt nicht selten nach sehr einscheidenden Erlebnissen unseres Lebens ein. Die als ängstigend empfundene Situation wird im Unterbewusstsein immer und immer wieder durchgespielt und in allen Facetten beleuchtet. Dadurch kommt der Betroffene nie zur

Ruhe und leidet unter einer langanhaltenden, beinahe chronischen Angsterkrankung.

Isolierte Psychosen

Von isolierten Psychosen spricht man bei allen Empfindungen, die für Individuen als besonders einschüchternd empfunden werden. Das kann unter anderem Platzangst, Höhenangst, Flugangst oder die Angst vor Kriechtieren oder Prüfungssituationen sein.

Zwangsneurosen

Wenn ein Patient unter Zwangsneurosen oder Zwangsstörungen leidet, dann ist er oft nicht zu rationalen Empfindungen fähig und fokussiert sich sehr stark auf seine Zwänge oder Zwangsgedanken. Obwohl man innerlich weiß, dass das Zwangsgefühl irrational ist, kann man sich nicht davon lösen und verfällt immer wieder in lästige, ungewohnte Verhaltensmuster. Das können die verschiedensten Dinge sein von dem wiederholten Zählen von

Treppenstufen bis hin zu übertriebenem Händewaschen.

Panikattacken

In Phasen starker psychischer oder physischer Belastung verfällt unser Körper oft in einen Zustand höchster Alarmbereitschaft und signalisiert uns, dass es so einfach nicht weiter geht. Wir brechen in Schweiß aus, hyperventilieren, müssen uns übergeben - bekommen Herzrasen. Panikattacken treten oft adhoc und ohne ersichtlichen Grund auf und können von den Betroffenen auch nicht gesteuert werden.

Generalisierte oder auch verallgemeinerte Angst

Sprechen Psychologen von generalisierter Angst, dann ist damit einfach gemeint, dass sich Betroffene in einem ständigen Zustand der Alarmbereitschaft befinden und an jeder Ecke etwas Schlechtes vermuten. Diese Angst tritt in den verschiedensten Alltagssituation auf und geht mit dem Gefühl einher, nichts richtig beherrschen zu können und an jeder Ecke etwas Angsteinflößendes zu vermuten. Spätestens wenn der Angstzustand zu einem permanenten Begleiter wird und über einen längeren Zeitpunkt andauert, sollte man dringend einen Arzt aufsuchen.

Angstzustände können sich in unserem Gehirn dauerhaft einbrechen und so zu chronischen Psychosen und ausgewachsenen Problemen werden. Krankhafte Angstzustände sind sehr gefährlich und führen den Betroffenen oft in einen Teufelskreis, aus dem er selber nicht mehr heraus kommt.

7.2 Erfolgreiche Strategien zur Angstüberwindung

Akzeptanz der Angst

Um seine Angstzustände loszuwerden, ist es zunächst essentiell, dass man sich erst einmal mit seiner Angst auseinander setzt und akzeptiert, dass man unter irrationalen Angstzuständen leidet. Viele Formen der Angst haben auch durchaus ihre

Daseinsberechtigung und dienen uns als Frühwarnsystem vor Gefahrensituationen. Deshalb sollte man sich niemals wünschen, gänzlich von seinen Ängsten befreit zu sein, sondern einfach den bewussten Umgang mit seinen Ängsten lernen und akzeptieren, dass Angst etwas ganz Natürliches ist, das zum Leben dazu gehört.

Dieser Schritt ist die grundlegendste Basis, um mit seinen Ängsten und Angstzuständen zurecht zu kommen.

Konfrontation mit der Angst

Je öfter wir uns mit Situationen konfrontieren, desto eher lernen wir unsere Ängste zu überwinden, beziehungsweise mit ihnen umzugehen. Klingt paradox? Ist jedoch mit einem ganz bestimmten psychologischen Faktor belegt - je mehr wir Situationen aus dem Weg gehen, die uns in Stress versetzen, desto mehr Raum geben wir diesen Situationen, um zu bedrohlichen Ungeheuern heranzuwachsen. Ein weiser Mann hat einmal gesagt: "Probleme, die man konsequent ignoriert, verschwinden kurzfristig, um später mit Verstärkung zurück zu kommen." Und genau das ist der springende Punkt: ignorieren wir unsere Ängste konsequent, dann werden sie mit der Zeit nur mehr und sind irgendwann gar nicht mehr zu handhaben.

Immer in Bewegung bleiben

Wer einen aktiven Lebensstil betreibt und immer wieder frische Luft in seine Lungen zieht, der wird weniger an Stress und Angst erkranken. Wenn wir uns körperlich betätigen, dann schüttet unser Körper Glückshormone aus, die uns dabei helfen, uns selber gut und glücklich zu fühlen. Wir steigern dadurch unser Selbstbewusstsein und unser Eigenempfinden und lernen ganz anders mit uns selbst umzugehen. Wer ein gutes Gefühl für seinen Körper hat, der lernt auch stärker auf ihn zu hören und entwickelt dadurch ein sensorisch gutes Frühwarnsystem für stressige oder angsteinflößende Situationen.

Mentales Training

In den meisten Fällen hilft es bereits, wenn man sich nicht dauerhaft in seiner eigenen Angstsituation bewegt, sondern diese auch mal von außerhalb betrachtet. Dies können wir erreichen, wenn wir generell an unserem Gelassenheitslevel arbeiten und in Summe ruhiger werden. Gut dafür geeignet sind mentales Training und entspannende Übungen wie Yoga und Pilates. Dies hat den charmanten Vorteil, dass wir gleichzeitig in Bewegung bleiben und ein gutes Gefühl für unseren Körper entwickeln.

8 Wie man negative Gedanken los wird

Nicht nur unsere inneren Blockaden, Psychosen und Angstzustände hemmen uns auf unserem Weg - oft sind es die brutal negativen Gedanken, die jedem Menschen Tag für Tag durch den Kopf gehen. "Bin ich zu dick?", "Bin ich gut genug für sie?", "Bin ich beliebt genug?" - die ureigenen Bedürfnisse eines Menschen werden durch unsere eigene Unsicherheit immer wieder in Frage gestellt. Das Schlimme daran? Durch einige wenige negative Erfahrungen sind wir es in der Regel selbst, die uns in Frage stellen und den negativen Gedanken Tür und Tor öffnen.

8.1 Negative Gedanken erkennen lernen

Jeder Mensch hat doch diesen einen Bekannten, der sich permanent in negativen Gedankenwelten bewegt und der Welt überhaupt nichts Schönes abgewinnen kann. Vielleicht ist man es sogar selber, der so denkt. Die Ursachen für negative

Gedanken liegen auch hier in der frühen Kindheit begründet: unser Gehirn ist darauf programmiert, dass es Verknüpfungen herstellt, Erinnerungen abspeichert und daraus Lernpfade produziert. Wir haben nicht gelernt, unseren Denkapparat als solchen zu benutzen und ihn zu einem wirklichen Werkzeug zu machen, das unser Leben erleichtert. Viel zu oft ist es leider so, dass wir uns durch negative Lernerfahrungen so tief in der Abwärtsspirale negativer Gedanken verstricken, dass wir von alleine nicht mehr heraus kommen. Anstatt unser Gehirn aktiv zu benutzen, benutzt unser Verstand uns, um uns auszutricksen und uns immer wieder Gefahrsituationen zu suggerieren. Dem modernen Menschen geht so viel durch den Kopf, dass die Gedanken permanent in bahnbrechender Geschwindigkeit durch unseren Kopf rasen. Dies ist vergleichbar mit einem Hochleistungsprozessor im PC, der es uns erlaubt viele hundert Tabs nebeneinander zu öffnen. Verlust von Übersicht und Struktur sind die Folge. Wir befinden uns permanent im Feuerlöschmodus ohne dabei im Blick behalten zu können, was wirklich zählt. Selbst in der Nacht ist der kleine Geschichtenerzähler im Kopf niemals still - die Gedanken rattern weiter und weiter und verhindern, dass wir uns vernünftig erholen können und dadurch standhafter gegenüber negativer Gedanken sind- Hinzu kommt, dass der Mensch ein Gewohnheitstier ist und als solches immer wieder in gewohnte Verhaltensmuster zurück verfällt. Diesem Impuls können wir nur widerstehen, wenn wir aktiv dagegen vorgehen.

8.2 Die Gefahren negativer Gedanken

Besonders problematisch wird es, wenn die negativen Gedanken unser komplettes Leben bestimmen. Nicht umsonst wird oft gesagt, dass wir zu dem werden, was wir denken. Es stimmt jedoch: wenn wir uns immer wieder einreden, dass etwas negativ ist, dann WIRD es auch negativ werden. Unser Gemütszustand ist kein Zufall - wenn wir immer nur negative Gedanken haben, dann werden wir uns auch immer schlecht fühlen, immer traurig oder nicht gut genug fühlen. Irgendwann bestimmen die negativen Gedanken völlig unser Leben und können uns im totalen Ernstfall sogar krank machen.

Hinzu kommt, dass wir durch negative Stimmungen und Gedanken immer mehr Negatives in unser Leben lassen und uns selbst die Möglichkeit verweigern, schönes in unserer Welt zu erkennen und den kleinen Finger zu nehmen, den das Leben uns reicht.

8.3 Negative Gedanken in Positive verwandeln

Der erste Schritt zum Erfolg ist natürlich auch hier, dass man sich bewusst macht, dass man überhaupt negative Gedanken hat. Lassen Sie sie bewusst in Ihr Leben uns setzen Sie sich damit auseinander, dass Sie vielleicht nicht immer so positiv denken, wie Sie vielleicht geglaubt haben. Um eine Verbesserung zu erzielen, sollten Sie sich zu allererst damit befassen, dass auch hierbei Ihr aktives Zutun gefragt ist. Unsere Gedanken sind im Prinzip nichts weiter als ein veränderbarer Teil von uns. Um uns also selbst zu transformieren, müssen wir den negativen Gedanken konsequent den Kampf ansagen. Das kostet zunächst sicher viel Kraft, da die selben negativen Gedanken immer wieder versuchen werden, uns heimzusuchen und uns zu schaden. Entscheiden Sie sich also bewusst dafür, das Negative in Ihrem Leben loswerden zu wollen und in etwas Positives zu verwandeln. Dies können wir vor allem dadurch erreichen, wenn wir negative Gedanken als das erkennen, was sie sind: eine schlechte Angewohnheit.

9 Positives Denken lernen

Wie Sie gerade gelernt haben, sind negative Gedanken nichts anderes als eine schlechte Angewohnheit, die wir einfach nicht loswerden können. Gerade aus diesem Grund ist es so wichtig, sich immer wieder vor Augen zu führen, welche Vorteile positives Denken haben kann.

9.1 Die Vorteile des positiven Denkens

Im Prinzip können wir hier alles umkehren, was wir bei den Auslösern negativer Gedanken gelernt haben. Als aller erstes lässt sich sagen, dass ein positiv eingestellter Mensch viel lebenslustiger und aktiver ist, als ein sehr negativ behafteter Mensch. Dieser Umstand hat natürlich einen beträchtlichen Einfluss auf unsere Gesundheit: wenn wir das Positive in unser Leben lassen, dann werden wir insgesamt fitter, aktiver und dadurch einfach gesünder. Zudem bieten positive Gedanken den Vorteil, dass unsere Grundzufriedenheit sich dadurch massiv erhöht. Eine glückliche und zufriedene Grundstimmung ist an der Tagesordnung und lässt uns mit stressigen Situationen viel gelassener und besser umgehen. Positive Gedanken haben natürlich auch den Vorteil, dass man ein gesünderes und besseres Selbstbewusstsein hat und dadurch auch bessere Karrierechancen. Wer mit sich selbst im Reinen ist, der strahlt nach außen auch Zufriedenheit und Selbstvertrauen aus und wirkt dadurch auf sein Gegenüber souveräner. Selbstverständlich ist man als positiv eingestellter Mensch auch viel besser in der Lage, stabile und vertrauensvolle Beziehungen zu führen. Dies gilt nicht nur für den Partner des Lebens, sondern auch für Freundschaften und kollegiale Beziehungen. Wer zu sich selbst eine gute Einstellung hat, der ist auch viel besser in der Lage das Positive in einem anderen Menschen zu sehen und eine wie auch immer geartete Beziehung auf der Basis von Vertrauen und Respekt zu begründen. Im Gegenzug sind die Nachteile, wenn man weiterhin negativ denkt, so gravierend, dass es uns vermutlich sehr schwer fallen wird, überhaupt wieder aus der

Spirale heraus zu finden. Wer nämlich trotz dieses ganzen Wissens weiterhin negativ denkt, der wird nie etwas Schönes in sein Leben lassen können.

9.2 Praktische Übungen

Das Gute daran zu wissen, dass negative Gedanken nur eine schlechte Angewohnheit sind, ist, dass wir aktiv dagegen vorgehen können. Ein beliebter Trick, um nach und nach gute Gedanken in sein Leben zu lassen ist, jeden Tag einen guten Gedanken zu denken. Wir können nämlich sehr wohl beeinflussen, was wir denken. Denken Sie zum Beispiel jetzt in dieser Sekunde an Ihr gemütliches Zuhause, Ihre schöne kuschelige Couch und das spannende Buch, das derzeit auf Ihrem Nachttisch liegt. Geht oder? Genau so können wir unser permanent laufendes Gehirn aushebeln und uns bewusst auf gute Gedanken einlassen. Sie müssen es nur zulassen - der erste Schritt ist schwer, wird sich aber lohnen. Nehmen Sie sich ganz bewusst vor, jeden Tag einen positiven Gedanken zu denken und lernen Sie so, nach und nach das Gute in Ihr Leben zu lassen.

Ein ganz einfacher, aber für viele auch so schwieriger Trick: einfach öfter lächeln. Je mehr wir lächeln, desto mehr entziehen wir negativen Gedanken ihre Kraft und steigern unbewusst den Endorphin-Spiegel in unserem Blut. Betreiben Sie Digital Detox! Kennen Sie nicht? Digital Detox ist das bewusste Entscheiden gegen das Handy. Wenn wir zu oft auf unser Handy schauen, lassen wir uns ablenken, verlieren unseren Fokus und vergleichen uns unbewusst immer mit anderen. Legen Sie das Handy öfter mal beiseite, genießen Sie einfach die Zeit, die Sie für sich oder Ihre Liebsten haben.

Ein guter Trick, um positiv denken zu lernen, ist es ein Dankbarkeits-Tagebuch zu führen. Der Mensch ist so gepolt, dass er viel zu selten dankbar für die Dinge ist, die in seinem Leben passieren. Machen Sie sich also jeden Tag auf's Neue bewusst, was an diesem Tag Gutes in Ihrem Leben passiert ist und schreiben Sie es auf. Schauen Sie nach einer Woche wieder auf Ihre Notizen - und nach zwei Wochen wieder und nach drei Wochen wieder. Sie werden sehen, wie viel Positives dabei heraus kommt und was das Schönes mit Ihnen und Ihrem Leben bewirkt.

10 5 Tipps gegen Stimmungsschwankungen

Um aus Ihrem Gefühlschaos heraus zu kommen, sollten Sie einen Weg finden, um Ihre Stimmungsschwankungen in den Griff zu bekommen. Wir möchten Ihnen in diesem Buch wichtige Hinweise an die Hand geben, um genau dieses Ziel zu erreichen.

10.1 Aktives Leben

Wie bei so vielem ist ein aktiver und gesunder Lebensstil der Schlüssel zum Erfolg. Wer sich bewegt, aktiv ist und oft frische Luft in sein Leben lässt, der wird auf Dauer gesünder, leistungsfähiger und zufriedener sein.

10.2 Achten Sie auf Ihre Ernährung

Wer zu massiven Wutausbrüchen oder zutiefst Traurigen Phasen neigt, der ist vermutlich nicht zu 100% ausgeglichen und mit sich selbst im Reinen. Oft liegt dies auch in der falschen oder ungesunden

Ernährung begründet. Achten Sie also darauf, was Sie essen, gönnen Sie sich leckere Kleinigkeiten nur in Maßen und schaffen Sie sich dadurch ein gesundes Gleichgewicht.

10.3 Entspannung

Gönnen Sie sich entspannte Ruhephasen, in denen Sie sich ganz und gar auf sich selbst konzentrieren. Oft liegt unsere innere Unruhe darin begründet, dass wir versuchen es allen recht zu machen und dadurch uns selbst vergessen. Das führt zu körperlicher Unruhe, Stress und Unzufriedenheit. Gönnen Sie sich also hin und wieder ein entspanntes Glas Rotwein, nehmen Sie ein heißes Bad, lesen Sie ein gutes Buch und konzentrieren Sie sich voll und ganz auf sich. Sie werden spüren, dass sich Ihr Gefühlschaos bald ganz von alleine legen wird.

10.4 Blockaden und Probleme ansprechen

Fressen Sie Ihren Ärger oder Ihre Sorgen nicht in sich hinein, sondern teilen Sie diese aktiv und holen Sie sich Rat von den Menschen, die Sie lieben. Wir sind immer dazu verleitet, dass wir alles mit uns selbst ausmachen wollen, aber das müssen wir doch gar nicht. Wir dürfen uns Hilfe und Rat holen und dürfen auf die Worte unserer Mitmenschen hören. Denn nur wenn wir Dinge ansprechen, die uns stören, nehmen wir ihnen Gewicht und schaffen es, das Negative in etwas Positives zu verwandeln.

10.5 Machen Sie sich Ihre Erfolge klar

Jeder Mensch hat in irgendeiner Form und Weise Erfolge zu verzeichnen. Sie müssen sich diese nur immer wieder vor Augen führen und dürfen sich nicht unterkriegen lassen. Denn nur so können Sie generieren, dass Sie Ihre Wutanfälle oder Trauerphasen besser in den Griff bekommen und nach und nach auch ein glücklicheres und zufriedeneres Leben führen. Sie werden erkennen, dass es sich lohnt und dass das Gefühlschaos in Ihrem Kopf sich nach und nach wird lichten können.

11 Schlusswort

Wenn Sie sich inzwischen selbst eingestehen können, dass Sie innere Blockaden haben, die Ihnen den gewünschten Weg zu Ihrem Ziel versperren, dann haben Sie bereits den ersten Schritt in die richtige Richtung erfolgreich absolviert. Die Eigenreflektion ist so wichtig um zu erkennen, wo unsere eigentlichen Probleme liegen, aber eben auch zu realisieren, dass nicht alles, was wir als Problem sehen, auch wirklich eines ist. Oft liegen unsere Sorgen ganz unbegründet tief in uns begraben und können dadurch gelöst werden, dass wir uns ihnen mutig stellen und wirklich ein Interesse daran haben, sie zu lösen. Seien Sie sich also niemals zu schade um Hilfe zu bitten und eine zweite, rationale Meinung einzuholen. Sie müssen sich allerdings auch darüber bewusst sein, dass der Weg aus der inneren Unruhe und Problemstellung mit harter Arbeit und Disziplin zu tun hat. Denn nur wer wirklich bereit ist, sich nicht nur seinen Sorgen zu stellen, sondern diese auch aktiv angehen und etwas verändern will, der wird letztendlich zum Erfolg kommen und einen weiteren Grundstein zur Erreichung seiner Träume und Ziele legen.

Liebe Leserin, lieber Leser, vielen Dank für das Lesen unseres liebevoll erstellten Buches.

War dieses Buch hilfreich? Dann würden wir uns sehr auf Ihre ehrliche Rezension freuen! Leser-Rezensionen sind das Überlebenselixier eines jeden Autors.

Wir bedanken uns für Ihre Unterstützung!

Impressum & Haftungsausschluss

AUTOR: Matilda Piel

1. Auflage

Kontakt: Denis Kasper, Emser Str. 32, 56112 Lahnstein
info@goodiepublishing.de

Layout & Covergestaltung: Denis Kasper
Coverabbildung: © ESB Professional - Shutterstock.com

Hinweis:
Diese Informationen wurden nach bestem Wissen und Gewissen weitergegeben. Sie sind ausschließlich für Interessierte gedacht und keinesfalls als Diagnose- oder Therapieanweisungen zu verstehen. Bei Verdacht auf Erkrankungen konsultieren Sie bitte Ihren Arzt. Es wird keine Haftung für die Richtigkeit oder Vollständigkeit der dargelegten Sachverhalte, Informationen oder Formulierungen übernommen. Irrtum vorbehalten.

43158334R00035

Printed in Poland
by Amazon Fulfillment
Poland Sp. z o.o., Wrocław